AF509565

LISTE DES OUVRAGES

PUBLIÉS

PAR

LES MISSIONNAIRES DES MISSIONS-ÉTRANGÈRES

AU JAPON

ET PAR LES PRÊTRES JAPONAIS

VANNES

IMPRIMERIE LAFOLYE FRÈRES

1917

LISTE DES OUVRAGES PUBLIÉS

PAR LES MISSIONNAIRES DES MISSIONS-ÉTRANGÈRES AU JAPON

ET PAR LES PRÊTRES JAPONAIS [1]

I. — ÉCRITURE SAINTE

Ancien et Nouveau Testament.

1. *Kyûshin Ryôyaku Seishoden.* Histoire de l'Ancien et du Nouveau Testament. 2 vol. Le Nouveau Testament, par LA MISSION DU JAPON MÉRIDIONAL. — *Tôkyô*, 1ʳᵉ édit. 1879; 2ᵉ édit. 1883, in-8, pp. VI-176.

2. *Seikei chokkai.* Explication des Evangiles (traduit du chinois). — *Tôkyô*, 1887, in-12, pp. 144.

3. *Shinsei no keishi.* La véritable révélation, par la CHRÉTIENTÉ DE MATSUMOTO. — *Tôkyô*, 1892, in-12, pp. 12.

4. *Kyûshin Ryôyaku shiryaku.* Abrégé de l'histoire de l'Ancien et du nouveau Testament, par M. RAGUET. — *Imp. Shinoita, Oita*, 1892, 2 vol. n-12, pp. XXII-296, XXVI-282.

5 *Shinyaku Seisho.* Nouveau Testament (en caractères latins), par M. RAGUET. — *Yokohama*, 1910, in-24, pp. 850.

6. *Shinyaku Seisho.* Nouveau Testament (en caractères japonais), par M. RAGUET. — *Imp. Fukuin, Yokohama*, 1910, in-16, pp. XXXII-946.

7. *Sei fukuin-sho.* Les Saints Evangiles, par MM. STEICHEN et PÉRI. — *Yokohama*, 1895-1897, 2 vol. in-8, pp. 474, 514.

8. *Jesus Christo sei fukuin-sho.* Les quatre Evangiles (texte japonais en caractères latins et texte latin), par M. STEICHEN. — *Imp. de Nazareth, Hong-kong*, 1910, in-12, pp. 545.

II. — THÉOLOGIE

9. *Shingaku kôyô.* Abrégé de Théologie. Préface et introduction, par M. LIGNEUL. — *Imp. Kokkôsha, Tôkyô*, 12 fascicules, in-8°. *Divisé en deux parties comprenant pp. 1451. Voici le détail de ces deux parties :*

Théologie dogmatique.

I. *Kami.* Dieu. — 1904, pp. 61.

II. *Shin-jin.* Le Dieu-homme. — 1904, pp. 136.

III. *Kyôkwai.* L'Eglise. — 1904, pp. 82.

IV. *Eikai.* Le monde éternel. — 1904, pp. 81.

Cette liste a été commencée par M. Papinot, lorsqu'il était à Tôkiô, revue et continuée par M. Evrard, vicaire général honoraire de ce même diocèse. Nous y avons ajouté le titre de quelques ouvrages. A. L.

— 2 —

Théologie morale.

V. *Rinri no genri.* Principes de la morale. — 1905, pp. 89.
VI. *Rinri no jikko.* Pratique de la morale. — 1905, pp. 130.
VII. *Kami ni taisuru gimu.* Devoirs envers Dieu. — 1906, pp. 104.
VIII. *Hito ni taisuru gimu.* Devoirs envers le prochain. —1906, pp. 122.
IX. *Chôshizen no onchô.* La grâce. — 1906, pp. 102.
X. *Senrei, Kenshin, Seitai.* Baptême, Confirmation, Eucharistie. — 1907, pp. 148.
XI. *Kaishun, Shûyu.* Pénitence, Extrême-Onction. — 1907, pp. 94.
XII. *Hinkyû, Kon-in.* Ordre, Mariage. — 1908, pp. 172.

10. *Kyôkwai no kenri-shugi to jiyû-shugi.* Principe d'autorité et principe de liberté, par M. LIGNEUL. — *Imp. Bunkaidô, Tôkiô,* 1898, in-8, pp. III-151.

11. *Seikyô-risshô.* Preuves de la religion (traduit du chinois). — *Tôkyô,* 1882, in-8, pp. III-114.

12. *Shindô-jisho.* La vraie voie (traduit du chinois), par M. MISHIMA. — *Tôkyô,* 1886, in-8, pp. XXII-126.

13. *Shinkô no hôsoku.* La Règle de la foi, par M. E. RAGUET. — *Fukuoka,* 1890, in-12, 1er vol. pp. 184 (la suite n'a pas paru).

14. *Shûkyô ippan.* De la religion, par M. RAGUET. — *Tôkyô,* 1900, in-12, pp. 23.

15. *Tenshu jitsugi.* La vraie notion de Dieu (traduit du chinois), par M. LIGNEUL. — *Tôkyô,* 1887, in-12, pp. 120.

16. *Shûkyô shikinseki.* La pierre de touche des religions, par M. LEMOINE. — *Tôkyô,* 1re édit., 1901, pp. XI-129; 2e édit., 1907, in-12, pp. II-136.

17. *Shinkô ni itaru michi.* Le chemin de la foi, par M. LEMOINE. — *Tôkyô,* 1909, in-32, pp. 286.

18. *Yuku-saki no annai.* Le guide vers l'au-delà, par M. LEMOINE. — *Imp. Hakiôsha, Tôkyô,* 1910, in-18, pp. 28.

19. *Kirisuto-kyô no shinkô.* La foi chrétienne, par M. BILLING. — *Imp. Robunsha, Numazu,* 1909, in-18, pp. 30.

20. *Shinkô no tebiki.* Le Guide vers la foi, par l'INSTITUT SAINT-JOSEPH. — *Imp. Saint-Joseph, Osaka,* 1911, in-32, pp. 52.

21. *Kirisuto no fukkwatsu.* De la résurrection du Christ, par M. RAGUET. — *Fukuoka,* 1890, in-12, pp. 40.

22. *Seitai wo haisuru riyû.* Pourquoi on adore l'Eucharistie, par M. LIGNEUL. — (Supplément de la Revue *Tenshu no Bampei*).

23. *Seikyô risho,* Introduction à la doctrine chrétienne, par M. COUSIN. — *Osaka,* 1883, in-8, pp. II-154.

24. *Kôkyô yôshi.* Résumé de la religion, par M. TULPIN. — *Nagoya,* 2e édit. 1893, in-12, pp. 120.

25. *Kôkyô yôshi,* Résumé de la religion, par M. MAYRAND. — *Imp. Fukuin, Yokohama,* 1906, in-16, pp. VI-16.

26. *Kyôdô kôyô.* Fondements de la doctrine, par M. FERRAND. — *Tôkyô,* 1905, in-12, pp. 29.

27. *Kyôri kôyô.* Résumé du dogme, par M. FERRAND. — *Tôkyô,* 1905, in-12, pp. 33.

28. *J.-C. no chôjinkaku.* Transcendance de Jésus-Christ, par M. LEMARÉCHAL. — *Yokohama,* 1908, in-12, pp. 142.

29. *Kyûrei.* Le salut, par M. MAEDA. — *Tôkyô,* in-18.

30. *Shi.* La mort, par M. MAEDA. — *Tôkyô,* in-18.

31. *Shimpan.* Le jugement particulier et général, par M. MAEDA. — *Tôkyô,* in-18.

32. *Tengoku.* Le ciel, par M. MAEDA. — *Tôkyô,* in-18.

33. *Jigoku.* L'enfer, par M. MAEDA. — *Tôkyô,* 1901, in-18, pp. 42.

34. *Rengoku.* Le purgatoire, par M. NAGATA.—*Osaka,* 1912, in-18, pp. II-141.

35. *Tenshu jikkai no koto.* Le Décalogue, par M. LIGNEUL.—(Supplément de la Revue *Tenshu no Bampei*).

36. *Nenjú no koto.* Le chapelet. Son origine et son usage, par M. LIGNEUL. — (Supplément de la Revue *Tenshu no Bampei*).

37. *Extraits des procès-verbaux des réunions générales des missionnaires du Japon septentrional.* — *Yokohama,* 1883, in-12, pp. VII-97.

38. *Acta et Decreta 1æ Synodi Japoniæ et Coreæ. Nagasaki,* 1890. — *Imp. de Nazareth, Hong-kong,* 1893, in-12, pp. 125.

39. *Acta et Decreta 1æ provincialis Synodi Tokiensis. Tôkyô,* 1895. — *Imp. de Nazareth, Hong-kong.* 1896, in-12, pp. 60.

40. *Programmata examinis Theologiæ ad usum juniorum sacerdotum,* par LES DIRECTEURS DU SÉMINAIRE DE NAGASAKI. — In-12, 1892-94, quelques pages.

41. *Notæ addititiæ ad P. Gury, quas alumnis suis tradebat* JOANNES-MARIA CORRE, miss. ap. in diœcesi Nagasakiensi. Le 1er vol. seul, *De Personis et Sacramentis,* a paru. — *Imp. de Nazareth, Hong-kong.* 1re édit., 1893, in-12, pp. VII-622 ; 2e édit., 1904, in-12, pp. 430.

42. *Kon-in no koto narabini rien no heigai wo ronzu.* Dissertation sur le mariage et le divorce, par M. LIGNEUL. — (Supplément du *Tenshu no Bampei*), 1887, in-12, pp. 68.

43. *Kyoka to kon-in to ni kanzuru jôrei.* Decreta *Temere* sur le mariage (traduction). — *Osaka,* 1911; in-8, pp. 7.

44. *Le mariage des infidèles dans ses rapports avec la loi civile en général et la loi japonaise en particulier,* par M. CHABAGNO.—*Imp. Fukuin, Yokohama,* 1913, in-8, pp. IV-125.

III. — LITURGIE. — CHANT.

45. *Tenshu kôkyôkai shukujitsu hyo.* Calendrier des fêtes à l'usage des catholiques.
Ce calendrier paraît tous les ans dans chaque diocèse.

46. *Sei-shiki ryaku kai sho.* Explication des cérémonies de la consécration épiscopale. — *Tôkyô,* 1902, in-12, pp. 10.

47. *Seinen-hiyô.* L'année liturgique, par M. MAYRAND. — *Imp. Toa, Tôkyô,* 1907, in-12, pp. XVI-25.

48. *Misa haichô no michibiki.* Livre de messe des enfants. — *Tôkyô,* 1886, in-18, pp. 70.

49. *Nihon seika.* Cantiques japonais avec musique, par M. LEMARÉCHAL. — *Yokohama,* 1re édit. [avec paroles seules], 1889 ; 2e édit., 1893, in-8, pp. 154 ; 3e édit. [avec accompagnement d'orgue], 1907, in-8, pp. 317.

50. *Tsúzohu sambika.* Recueil des chants religieux les plus usuels (ou cantiques populaires japonais, sans musique), par M. RAGUET. — *Imp. Saint-Joseph, Osaka,* 1913, in-32, pp. 78.

51. *Kôkyôkwai ratenka shu.* Recueil de chants religieux, par M. RAGUET. — *Tôkyô,* 1903; in-24, pp. 169.

52. *Kôkyôkwai ratenka shu.* Recueil de chants religieux, par M. LEMARÉCHAL. — *Imp. Fukuin, Yokohama,* 1906, in-18, pp. 109.

53. *Tenshu kôkyôkwai seika.* Recueil de chants religieux latins et japonais, par M. MARMONIER. — *Imp. Saint-Joseph, Osaka,* 1910, in-8, pp. 322.

54. *Seitai kofukusai seika.* Benedictionale ou chants du salut du Saint-Sacrement, par M. MARMONIER.—*Imp. Saint-Joseph, Osaka,* 1913, in-12, pp. 76.

IV. — PRIÈRES

55. *Orasho narabini oshie.* Prières et doctrine, par la MISSION DU JAPON MÉ-RIDIONAL. — *Nagasaki*, 1878, in-18, pp. 430 + supplément de cantiques japo-nais, 1879, pp. 32.

56. *Kôkyôkwai kitôbun.* Livre de prières. Editio ex originali japonensi romanis litteris transcripta. — *Tôkyô*, 1896, in-16, pp. 141 ; *Imp. de Nazareth, Hong-kong*, 2° édit., 1899, in-16, pp. 141.

57. *Kôkyôkwai kitôbun.* Livre de prières catholiques (pour toutes les mis-sions du Japon). — *Imp. Hotto, Tôkyô*, 1ʳᵉ édit., 1896, in-32 et in-16, pp. 290 ; 2° édit., 1902, in-32, pp. 290 ; *Imp. Fukuin, Yokohama*, 3° édit., 1908, in-32, pp. 304 ; *Imp. Saint-Joseph, Osaka*, 4° édit., 1912, in-32, pp. 314.

58. *Shuyô naru inori.* Principales prières. — *Imp. Saint-Joseph, Osaka*, 1911, in-32, pp. 17.

59. *Kôkyôkwai kitôbun shôryaku.* Abrégé du livre de prières, par M. SAL-MON. — *Imp. Saint-Joseph, Osaka*, 1912, in-32, pp. 114.

60. *Seikyô nikkwa.* Prières quotidiennes et Instructions à l'usage du Vi-cariat apostolique du Japon méridional, par M. COUSIN. — *Osaka*, 1ʳᵉ édit., 1882 ; 2° édit., 1885, in-24, pp. 322.

61. *Seitai hairyô zengo no inori.* Prières avant et après la communion, par M. RAGUET. — *Imp. Saint-Joseph, Osaka*, 1911, in-32, pp. 22.

62. *Tenshu wo aisuru kokoro wo motomuru tame no inori.* Prières pour obtenir l'esprit de l'amour de Dieu, par M. WAGNER. — *Imp. Saint-Joseph, Osaka*, 1911, in-24, pp. 100.

V. — CATÉCHISMES
ET OUVRAGES RELIGIEUX ÉLÉMENTAIRES

63. *Kôkyô yôri.* Catéchisme, par le DIOCÈSE DE TÔKYÔ. — *Tôkyô*, 1ʳᵉ édit. 1889; 3° édit., 1892, in-12, pp. XIII-95.

64. *Kôkyô yôri.* Catéchisme (transcription du précédent en caractères latins), par le DIOCÈSE DE TÔKYÔ. — *Imp. de Nazareth, Hong-kong*, 1888, in-12, pp. 82.

65. *Kôkyô yôri.* Catéchisme (édition officielle pour tout le Japon). — *Tôkyô*, 1ʳᵉ édit., 1896, in-12, pp. 142 (a été fréquemment réimprimé).

66. *Kôkyô yôri.* Catéchisme précédent, en caractères latins (édition offi-cielle pour tout le Japon). — *Tôkyô*, 1896, in-18, pp. 136.

67. *Tenshu kôkyô yôri.* Catéchisme (édition officielle simplifiée pour Tôkyô). — *Tôkyô*, 1ʳᵉ édit., 1899 ; 2° édit., 1904, in-12, pp. 128.

68. *Tenshu kôkyô yôri.* Catéchisme (édition officielle simplifiée pour Tôkyô, en caractères latins). — *Yokohama*, 1899, in-18, pp. 100.

69. *Tenshu kyô shôryaku.* Abrégé du même, par M. VIGROUX. — *Yoko-hama*, 2° édit., 1897 ; 1903, in-18, pp. 34.

70. *Nagasaki no kôkyô yôri.* Catéchisme de Nagasaki.

71. *Shogaku yôri.* Catéchisme des commençants.

72. *Seikyô shogaku yôri.* Catéchisme des commençants, par M. VIGROUX. — *Tôkyô*, 1882, in-8, pp. 92.

73. *Kôkyô shôryaku.* Abrégé de catéchisme : examen pour la 1ʳᵉ com-munion, par M. TULPIN. — *Nagoya*, 1897, 3° fasc. in-12, pp. 34.

74. *Kôkyô shôho.* Catéchisme élémentaire de la religion catholique, par M. SALMON. — *Nagasaki*, 1ʳᵉ édit., 1899 ; 2° édit., 1901 ; 3° édit., 1902 ; 4° édit., 1904 ; 5° édit., 1909 ; *Osaka*, 6° édit., 1912, in-12, pp. 82.

75. *Shôni no kôkyô-shiori.* Guide catholique des enfants ou petit caté-chisme des enfants, par M. RAGUET. — *Imp. Saint-Joseph, Osaka*, 1912, in-18, pp. III-66.

76. *Kôkyô yôri furoku.* Supplément au catéchisme, par M. NAGATA. — *Imp. Saint-Joseph, Osaka,* 1910, in-18, pp. 23.

77. *Kôkyô shakugi.* Catéchisme expliqué, par M. BROTELANDE. — *Tôkyô,* 1re édit., 1887 ; 2e édit., 1895 ; 3e édit., 1897, 2 vol., in-12. pp. 410, 526.

78. *Oshie no shiori.* Le guide de la religion, par M. DARIDON. — *Imp. Rikkyôsha, Tôkyô,* 1910, in-12, pp. 95.

79. *Tsûzoku shûkyô kaitei.* Explication du catéchisme, par M. JOLY. — *Tôkyô,* 1907, 2 vol., in-12, pp. 42, 166.

80. *Pom Kambi.* Petit catéchisme Aino, par Mgr BERLIOZ. — *Yokohama,* 1893, in-32, pp. 12.

81. *Kôkyô zukai.* Catéchisme en images, par M. DROUART DE LEZEY. — *Imp. Kokkôsha, Tôkyô,* 1re édit., 1900 ; 2e éd. 1901, in-8e, pp. 107.

82. *Kôkyô yôri zukai.* Explication du catéchisme en images, par MM. VAGNER ET MASUMOTO. — *Imp. Saint-Joseph, Osaka,* 1910, in-4, pp. 300 ; 1913, in-12, pp. 342.

83 *Kôkyô rikai.* Explication du catéchisme (2e partie, les commandements de Dieu), par M. RAGUET (la 1re et 3e en préparation). — *Imp. Saint-Joseph, Osaka,* 1913, in-12, pp. 459.

84. *Kôkyô rikai.* Explication de la religion, par M. RAGUET. — *Imp. Kokkôsha, Tôkyô,* 1900, 1er fascicule, in-12, pp. 23.

85. *Kôkyô yôgi.* Exposition de la doctrine catholique, par M. DROUART DE LEZEY. — *Imp. Kokkôsha, Tôkyô,* 1907, in-12, pp. 193.

86. *Kôkyô shigwansha no tomo.* L'ami du catéchumène, par M. LISSARRAGUE. — *Imp. Saint-Joseph, Osaka,* 1913, in-12, pp. 124.

87. *Tenshu kôkyô yôri (Senrei shigansha yô).* Catéchisme à l'usage des catéchumènes). — *Imp. Fukuin, Yokohama,* 1905, in-18, pp. 81.

88. *Shukyô-teki katei kyôiku.* Enseignement de la religion dans la famille, par MM LISSARRAGUE et HORIE. — *Imp. Saint-Joseph, Osaka,* 1913, in-8. pp. 88.

89. *Shindô no annai.* Guide de la vraie voie, par M. MAYRAND. — *Tôkyô,* 1895, in-12, pp. 23.

90. *Senrei no kaisetsu.* Explication du sacrement de Baptême, par M. CETTOUR.

91. *Reimei no koto.* Les noms de baptême. Origine et raison d'être, par M. LIGNEUL (Supplément de la revue *Tenshu no Bampei*).

92. *Katei ni okeru jidô no jumbi.* Préparation à la première communion, par M. LISSARAGUE. — *Imp. de l'Orphelinat, Osaka.*

93. *Shiken.* Examen avant la Confirmation et la première communion, par M. VIGROUX. — In-12, pp. 10.

94. *Kenshin no hiseki.* La Confirmation, par M. RAGUET. — *Nagasaki,* 1896 ; 1900 ; 1910. *Imp. Saint-Joseph ; Osaka,* 1912, in-18, pp. 40.

VI. — LIVRES DE PIÉTÉ. — SERMONS

95. *J.-C. no mohan.* Imitation de Jésus-Christ, par M. PAUL KUNISADA. — *Imp. Shoheikan, Tôkyô,* 1906, in-16, pp. XIV-577.

96. *Shûtoku shinan.* Perfection chrétienne (d'après RODRIGUEZ). par M. KATAOKA. — *Nagasaki,* 1er vol., 1897, in-12, pp. X-462 ; 2e vol., 1902, in-12, pp. 530 ; 3e vol., 1907, in-12, pp. 483.

97. *Kwantoku no shiori.* Guide de la perfection chrétienne. par M. RAGUET. — *Imp. Saint-Joseph, Osaka,* 1er vol., 1912, in-18, pp. IIC-302.

98. *Toku no ishizue.* La base de la perfection (tiré de saint ALPHONSE DE LIGUORI), par l'INSTITUT SAINT-JOSEPH. — *Imp. Saint-Joseph, Osaka,* 1912, in-12, pp. II-290.

99. *Shinsen.* Le Combat spirituel, par M. RAGUET. — *Imp. Tôa, Tôkyô,* 1907, in-32, pp. XXI-812.

100. *Kôkyô nikka.* Journée chrétienne, par le Vicariat apostolique du Japon septentrional. — *Tôkyô,* 1re édit., 1884, in-12, pp. 238; 2e édit., 1889, n-24, pp. 238.

101. *Christo no shinja no yômu.* La journée du chrétien, par M. Urakava. — *Imp. Saint-Joseph, Osaka,* 1911, in-12, pp. viii-648.

102. *Shinto kôkwan.* — Le Trésor du chrétien, par M. A. Clément. — *Yokohama,* 1899, in-18. pp. 704.

103. *Kôfuku no michi.* Le Chemin du bonheur, par M. Ligneul. — *Imp. Kokkôsha, Tôkyô,* 1900, in-18, pp. 48.

104. *Sujônen.* Pensez-y bien, par M. Lemaréchal. — *Yokohama,* 2e édit., 1900 ; 3e édit., 1904, in-16, pp. ii-204.

105. *Aishu kingen.* Paroles d'or sur l'amour de Dieu. — *Imp. Saint-Joseph, Osaka,* in-24, pp. 46.

106. *Seitai hairyôben.* La Communion fréquente (de Mgr de Ségur), traduction de M. Ishibashi. — *Imp. Saint-Joseph, Osaka,* 1910, in-18, pp. 102, avec suppl. pp. 23, sur la messe.

107. *Yutaka naru kesshin.* Féconde résolution, de recevoir la sainte communion, par l'Institut Saint-Joseph. — *Imp. Saint-Joseph, Osaka,* 1911, in-32, pp. 16.

108. *Seitai hairyô no tebiki.* Manuel pour la réception de la communion. par l'Institut Saint-Joseph. — *Imp. Saint-Joseph, Osaka,* 1911, in-32, pp. 52.

109. *Seitai hairyô ni tsuite kyôchoku.* Traduction des deux décrets de Pie X sur la communion, par M. Nagata. — *Imp. Saint-Joseph, Osaka,* 1912, in-18, pp. 32.

110. *Seitai reihai no michibiki.* Visites au Saint-Sacrement, par M. Lemaréchal. — *Yokohama.* 1re édit., 1890, in-12, pp. 129 ; 2e édit., 1894, in-16, pp. 233.

111. *Seitai hômon.* Visites au Saint-Sacrement (de saint Alphonse de Liguori), traduction par M. Urakawa. — *Imp. Saint-Joseph, Osaka,* 1912, in-18, pp. ii-200 + supplément pp. 80.

112. *Mi kokoro no gijôhei.* Recueil de la garde d'honneur, traduction de M. Bousquet. — *Imp. Saint-Joseph, Osaka,* in-24, pp. 10,

113. *Go Kunan no mokusô.* L'horloge de la Passion (de saint Alphonse de Liguori), traduction par M. Wakita. — *Tôkyô,* 1908, in-24, pp. 456.

114. *Seigen hyakuki.* Cent pensées saintes, par l'Institut Saint-Joseph. — *Imp. Saint-Joseph, Osaka,* 1911, in-32. pp. 87.

115. *Kinsho.* Le livre d'or de l'humilité, traduction par M. Ligneul. — *Imp. Shûeisha, Tokyô,* 1888. in-32, pp. 121.

116. *Mirai no kibo.* Le chemin de la vie future, par M. Ishibashi Chuwa. — *Imp. Saint-Joseph. Osaka,* 1re édit., 1910 ; 2e édit., 1911, in-18. pp. v-173.

117. *Zaïgen seibatsu.* La lutte contre les péchés capitaux (d'après saint Alphonse de Liguori), par M. Ishibashi. — *Imp. Saint-Joseph, Osaka,* 1911, in-18, pp. iv-546.

118. *Teitoku hokan.* Miroir de la pureté. par M. Maeda. — *Tôkyô,* 1894, in-18, pp. x-200.

119. *Kaiten kokkai yoketsu.* Le ciel ouvert par la confession sincère, par M. Lemaréchal. — *Yokohama,* 1894. in-12, pp. 206.

120. *Nokuso michibiki.* Méditations, par M. Tomatsu. — *Tokyo,* 1893, in-18, pp. iii-142.

121. *Nokuso Yoteki.* Recueil des méditations de retraite de la paroisse d'Asakusa, en 1894, par M. Brotelande. — *Imp. Kinkodo, Tokyo,* 1894, in-12, pp. 95.

122. *Zenshû no junbi.* Préparation à une bonne fin, par M. Marmonier. — *Osaka,* 1910, in-12, pp. 330.

123. *Kenteki.* Petits sermons, par M. Araya. — 3 vol.

124. *Hanachiru, sato syra* (Que votre nom soit sanctifié), petite nouvelle sur la 1re demande du *Pater*, par GAEL DE SAÏAN, traduction par l'INSTITUT SAINT-JOSEPH. — *Imp. Saint-Joseph, Osaka*, 1910, in-12, pp. 51.

125. *Wasure gatami*. Le testament (Que votre règne arrive), petite nouvelle sur la 2e demande du *Pater*, par GAEL DE SAÏAN, traduction par l'INSTITUT SAINT-JOSEPH. — *Imp. Saint-Joseph, Osaka*, 1911, in-12, pp. 58.

126. *Kandai*. Cœur généreux (Que votre volonté soit faite), par l'INSTITUT SAINT-JOSEPH, petite nouvelle sur la 3e demande du *Pater* — *Imp. Saint-Joseph, Osaka*, 1911, in-12, pp. 54.

127. *Kinan*. En détresse (Donnez-nous aujourd'hui notre pain), petite nouvelle sur la 4e demande du *Pater*, par l'INSTITUT SAINT-JOSEPH. — *Imp. Saint-Joseph, Osaka*, 1911, in-12, pp. 51.

128. *Dorei no urami*. La haine d'un esclave (Pardonnez-nous nos offenses) nouvelle sur la 5e demande du *Pater*, par l'INSTITUT SAINT-JOSEPH. — *Imp. Saint-Joseph, Osaka*, 1911, in-12, pp. 55.

129. *Sukui*. Sauvée (Ne nous laissez pas succomber), par l'INSTITUT SAINT-JOSEPH. — *Imp. Saint-Joseph, Osaka*. 1912. in-12, pp. 49.

130. *Oki ye*. Au large (Délivrez-nous du mal). par l'INSTITUT SAINT-JOSEPH. — *Imp. Saint-Joseph, Osaka*, 1912, in-12. pp. 42.

131. *Seibo kwai-in no Michibiki*. Guide des Enfants de Marie, par M. LEMARÉCHAL. — *Yokohama*, 1890. in-12, pp. 46.

132. *Seibo spkei*. La dévotion envers la Sainte Vierge, par M. LEMARÉCHAL. — *Yokohama*, 1905, in-18, pp. 310.

133. *Seibo Maria no 7 no kanashimi*. Les 7 douleurs de la sainte Vierge (d'après saint ALPHONSE DE LIGUORI), par M. URAKAWA. — *Imp. Saint-Joseph, Osaka*, 1910, in-24, pp. 108.

134. *Rosario shokai*. Explication du rosaire, par l'INSTITUT SAINT-JOSEPH. — *Imp. Saint-Joseph, Osaka*, 1911, in-24. pp. 156.

135. *Ave Maria*. Nouvelle sur l'*Ave Maria*. — *Imp. Saint-Joseph, Osaka*, 1911, in-12, pp. 42.

136. *Seishin Seigetsu*. Mois du Sacré-Cœur, par M. NAGATA. — *Osaka*, 1910, in-18, pp, III-115.

137. *Seibo Maria no eiyo*. Les gloires de Marie (par saint ALPHONSE DE LIGUORI) traduction par l'INSTITUT SAINT-JOSEPH. — *Imp. Saint-Joseph, Osaka*, 1914, in-18, pp. XXIX-493.

138. *Seibo Maria no tsuki*. Mois de Marie, par M. NAGATA. — *Osaka*, 1911, in-18, pp. III-187.

139. *Sei Joseph no tsuki*. Mois de saint Joseph, par M. NAGATA. — *Imp. Saint-Joseph, Osaka*, 1912, in-18, pp. 135.

140. *Saint François-Xavier no kokoroka shûgyô*. Neuvaine à saint François-Xavier, par M. CLÉMENT. — *Tôkyô*, 1899. in-32, pp. 110.

141. *Shudosha no kokoroe*. Memento du religieux (Traduction des conseils aux religieux. par saint ALPHONSE DE LIGUORI) par M. URAKAWA. — *Imp. Saint-Joseph, Osaka*, 1913. in-18, pp. 202.

VII. — PHILOSOPHIE. — CONTROVERSE

142. *Tetsugaku hyâmon*. La porte de la philosophie (de TONGIORGI) traduction par MM. MIKAMI et TAMURA. — *Tôkyô*, 1888, in-12, pp. 64.

143. *Irin tetsugaku*. Philosophie morale (de TONGIORGI) traduction. — *Tôkyô*, 1888, in-12, pp. 96 ; 1906, in-12, pp. 100.

144. *Shûkyô no hitsuyô wo ronjite Tenshu no souzai ni oyobu*. Existence de Dieu, par M. KAWAGUCHI.

145. *Moize no sekai-kaibyaku-ron*. Cosmogonie mosaïque, par M. SAURET. — *Kurume*, 1889, in-12, pp. 17.

146. *Banbutsu no hongen*. L'origine des êtres, par M. SAURET. — *Kurume*, 1re édit., 1889. in-12. pp. 136 ; 2e édit., 1890, in-12, pp. 294.

147. *Jinrui no hongen.* La vraie origine de l'espèce humaine, par M. SAU-RET. — *Kurume,* 1891, 2 vol.. in-12, pp. 100, 60.

148. *Zosha to jinrui no Kankei.* Rapports entre le Créateur et le genre humain, par LA CHRÉTIENTÉ DE MATSUMOTO. — *Tokyô,* 1892, in-12, pp. 10.

149. *Kôzui no koto.* Le déluge, devant l'histoire et la science, par M. LIGNEUL.

150. *Shinka ron.* Dispute entre un évolutionniste et un catholique, par M. LIGNEUL.

151. *Tenkei no shinri.* La vérité sur la révélation, par M. CL. FERRAND. — *Imp. Kokkôsha, Tôkyô,* 1907, in-18, pp. 38.

152. *Dôtoku to bummei.* La morale et le progrès (Réfutation de la morale sans Dieu), par M. DROUART DE LEZEY. — *Tôkyô,* 1908, in-12, pp. 53.

153. *Dôtoku no seisai.* La sanction de la morale, par M. ANGLES. — *Matsue,* 1900, in-8, pp. 30.

154. *Jiyû no kôron.* Discussion sur la liberté, par M. VILLION.

155. *Kokoro no ryô yaku.* Un bon remède au cœur, par M. LIGNEUL. — *Tôkyô,* 1886, in-12, pp. 64.

156. *Koji-shinron.* Préparation évangélique, par M. LIGNEUL. — 1re édit., 1897, in-12, pp. 200 ; 2e édit., 1899, in-16, pp. XI-161 + supplément, pp. 36.

157. *Fukuin no mon.* Introduction à l'Evangile, par M. LIGNEUL. — *Imp. Kokkôsha, Tôkyô,* 1902, in-12, pp. 65.

158. *Giro-rikyô-ron.* Le schisme Gréco-Russe, par M. LIGNEUL. — *Imp. Kokkôsha, Tôkyô,* 1897, in-12, pp. 202.

159. *Rôma kyôô.* Le Pape de Rome, par M. LIGNEUL. — *Imp. Kokkôsha, Tôkyô,* 1899, in-18, pp. IX-266.

160. *Rôma kyôô to Gen-shakai.* Le Pape et la Société contemporaine, par M. LIGNEUL. — *Imp. Kokkôsha, Tôkyô,* 1899, in-12, pp. VI-180.

161. *Himitsu Kessha.* Les sociétés secrètes, par M. LIGNEUL. — *Imp. Kokkôsha, Tôkyô,* 1900. in-12, pp. XII-250.

162. *Aikoku no shinri.* La vérité sur le patriotisme, par M. LIGNEUL. — *Imp. Tsukiji Kappan, Tôkyô,* 1896, in-12, pp. VI-102.

163. *Kokka seisui no genri.* Principe de la prospérité et de la décadence des peuples, par M. LIGNEUL. — *Imp. Kokkôsha, Tôkyô,* 1897, in-12, pp. VI-84.

164. *Nippon shugi to sekai shugi.* Principe japonais et principe universaliste, par M. LIGNEUL. — *Imp. Kokkôsha, Tôkyô,* 1898, in-12, pp. IV-80.

165. *Yuibutsu-ron to reisei-ron.* Matérialisme et spiritualisme, par M. LIGNEUL. — *Imp. Kokkôsha, Tôkyô,* 1898, in-12, pp. VI-101.

166. *Keisei jiron.* Le réveil de l'opinion, par M. LIGNEUL. — *Tôkyô,* 1899, in-12, pp. XI-89.

167. *Shôan no tomoshibi.* Un flambeau dans la nuit, par M. LIGNEUL. — *Tôkyô,* 1899, in-12, pp. IX-122.

168. *Sekai kwanken.* Un coup d'œil sur le monde, par M. LIGNEUL. — *Imp. Kokkôsha, Tôkyô,* 1900, in-18, pp. 149.

169. *Tetsugaku ronkô.* Philosophie élémentaire, par M. LIGNEUL. — *Tôkyô,* 1re édit.. 1898 ; 2e édit., 1900, in-18, pp. XIV-267.

170. *Shosei tetsugaku.* Philosophie du sens commun, par M. LIGNEUL. — *Imp. Kokkôsha, Tôkyô,* 1re édit., 1897 ; 2e édit., 1900, in-18, pp. XII-398.

171. *Kyôiku tetsugaku.* Philosophie de l'éducation, par M. LIGNEUL. — *Tôkyô,* 1902, in-8, pp. 310.

172. *Hôri tetsugaku.* Philosophie du droit, par M. LIGNEUL. — *Imp. Kokkôsha, Tôkyô,* 1900, in-16, pp. III-208.

173. *Bunmei no bushi.* Le samuraï civilisé, par M. LIGNEUL. — *Imp. Kokkôsha, Tôkyô,* 1901, in-18, pp. 64.

174. *Gakuri munô-ron.* Insuffisance de la science, par M. LIGNEUL. — *Tôkyô*, 1901, in-8, pp. IV-92.

175. *Jikken-kai to meishin-kai.* Expérience et superstition, par M. LIGNEUL. — *Tôkyô*, 1901, in-12, pp. IV-104.

176. *Risô no seinen.* La jeunesse et l'idéal, par M. LIGNEUL. — *Imp. Kokkôsha, Tôkyô*, 1898, in-18, pp. VIII-256.

177. *Jimbutsu no risô.* L'idéal de l'homme, par M. LIGNEUL. — *Imp. Kokkôsha, Tôkyô*, 1902, in-12, pp. III-85.

178. *Kôjin no risô.* L'idéal de l'homme public, par M. LIGNEUL. — *Imp. Kokkôsha, Tôkyô*, 1902, in-8, pp. 29.

179. *Risô no katei.* L'idéal de la famille, par M. LIGNEUL. — *Imp. Kokkôsha, Tôkyô*, 1900, in-18, pp. 458.

180. *Yo no katei-kan.* La famille; histoire et principe, par M. LIGNEUL. — *Imp. Kokkôsha, Tôkyô*, 1902, in-12, pp. 93.

181. *Mushugi mujinbutsu.* Pas d'homme sans principe, par M. LIGNEUL. — *Tôkyô*, 1902, in-8, pp. 26.

182. *Gakkai no ijin.* Grands savants et grands chrétiens, par M. LIGNEUL. — *Tôkyô*, 1902, in-12, pp. 34.

183. *Kyôikukai no rajukôbyô.* La peste du monde enseignant, par M. LIGNEUL. — *Imp. Kokkôsha, Tôkyô*, 1899, in-18, pp. 75.

184. *Shakai mondai.* La question sociale, par M. LIGNEUL. — *Imp. Kokkôsha, Tôkyô*, 1903, in-12, pp. 94.

185. *Kon-in to ri-en.* Le mariage et le divorce, par M. LIGNEUL (Supplément du *Tenshu no Bampei*).

186. *Rinri-sôsho.* Les vertus morales, par M. LIGNEUL. — *Imp. Kokkôsha, Tôkyô*, 1903, in-16, pp. 559 (composé de 4 vol., pp. 64, 77, 113, 141).

187. *Kakumei no jumbi.* Les préparatifs de la révolution, par M. LIGNEUL. — *Imp. Kokkôsha, Tokyô*, 1906, in-18, pp. IV-100,

188. *Ichinen yû han no tetsugaku to Bansei fueki no tetsugaku.* La philosophie de « Un an et demi » et la philosophie éternelle, par M. MAEDA. — *Imp. Kokkôsha, Tôkyô*, 1901. in-8, pp. 32.

189. *Tetsujin to bunshô-bi.* Douze philosophes et leur style, par M. MAEDA. — *Imp. Kokkôsha, Tôkyô*, 1903, in-12, pp. IV-148.

190. *Rousseau oyobi sono bungaku.* J.-J. Rousseau, sa vie et son style, par M. MAEDA. — *Tôkyô*.

191. *Gakusei kun.* Conseils aux étudiants, par M. MAEDA. — *Tôkyô*.

192. *Rekishi-jô ni okeru risô no jimbutsu.* L'homme idéal selon l'histoire, par M. MAEDA. — *Tôkyô*.

193. *Sen to shi.* La guerre et la mort, par M. MAEDA. — *Imp. Kokkôsha, Tôkyô*, 1904, in-16, pp. IV-208.

194. *Tetsujin no jinsei-kan.* La vie humaine et ses misères d'après les philosophes, par M. MAEDA. — In-18.

195. *Shinri no hongen.* Les sources de la vérité, par M. DROUART DE LEZEY. — *Yokohama*, 6 édit. de 1897 à 1907, in-12, pp. 267 ; *Imp. Hakuosha, Tôkyô*, 7ᵉ édit., 1910, in-12, pp. 294.

196. *Seikyô bumpa-ron.* Les sectes chrétiennes, par M. MARIN. — *Tôkyô*, 1879, 4 vol. in-8, pp. 420.

197. *Shûkyô mutonjaku-ron.* L'indifférence religieuse, par M. DROUART DE LEZEY. — *Yokohama*, 1901, in-12, pp. V-151.

198. *Kaigi.* Solutions des doutes ou des objections contre la religion, par M. DROUART DE LEZEY. — *Imp. Fukuin, Yokohama*, 1ᵉʳ vol., 1901, in-12, pp. II-86 ; 2ᵉ vol., 1902, in-12, pp. 130 ; *Imp. Saint-Joseph, Osaka*, réimpression du 1ᵉʳ vol., 1910, in-12, pp. II-86.

199. *Yuibutsu-ron to jikken gaku.* Le matérialisme et les sciences expérimentales, par M. DROUART DE LEZEY. — *Imp. Fukuin, Yokohama*, 1907, in-12, pp. 36.

200. *Bengoshi.* Solutions des doutes ou des objections contre la religion, par M. VILLION. — *Osaka*, 1884, in-18, pp. II-38.

201. *Kyôri mondo.* Dialogue sur la religion, par M. LEMARÉCHAL. — *Niigata*, 1ʳᵉ édit., 1887 ; *Yokohama*, 2ᵉ édit., 1890, in-16, pp. 120.

202. *Nagoya no yûwa.* Soirées de Nagoya, par M. TULPIN. — *Nagoya*, 1891, in-12, 1ᵉʳ fasc., pp. 104, 3ᵉ fasc., pp. 49 (2ᵉ fasc. inconnu).

203. *Kôkyô shinkyô ryôki-mondô.* Dialogues sur le catholicisme et le protestantisme (Traduit de l'anglais), par M. LIGNEUL.—*Tôkyô*, 1886, in-8, pp. 528.

204. *Kyûkyô to shinkyô no koto.* Différence entre catholicisme et protestantisme, par M. LIGNEUL (Supplément de la revue *Tenshu no Bampei*).

205. *Shinkyô to wa.* De qui les protestants ont-ils reçu la Bible ? par M. LIGNEUL (Supplément de la revue *Tenshu no Bampei*).

206. *Shinkyô no mezamashi.* Le réveil du protestantisme, par M. VILLION. — *Kyôto*, 1887, in-18, pp. 27.

207. *Shinsei no shinkyô.* Le vrai protestantisme, par M. DROUART DE LEZEY. — *Imp. Kokkosha. Tôkyô*, 1904, in-12, pp. 126.

208. *Protestant rekishi no seibyô.* Réfutation des erreurs de l'histoire protestante, par M. CHARRON. — *Himeji*, 1906, in-8, pp. 38.

209. *Yo no kaishû no dôki.* Les causes de ma conversion, par M. MIYOSHI SÉIÏCHI. — *Imp. Saint-Joseph, Osaka*, 1911, in-18, pp. IV-29.

210. *Baramon-kyôron.* Le Brahmanisme, par M. VILLION. — *Kyôtô*, 1889, in-12, pp. XXVIII-501.

211. *Nihon shôrai no shûkyô.* La religion future du Japon, par M. ANGLES. — *Tôkyô*, 1ʳᵉ édit., 1907 ; *Osaka*, 2ᵉ édit., 1910, in-24, pp. 26.

VIII. — HISTOIRE. — GÉOGRAPHIE

212. *Seikyô ryakushi.* Petite histoire sainte, traduite du français, par M. LEMARÉCHAL. — *Tôkyô*, 1890, in-12, pp. 208.

213. *Jiseki izen igo no rekishi.* Histoire avant et après Jésus-Christ, par M. LIGNEUL. — *Tôkyô*, 1896. in-8, pp. 357.

214. *Seikwai rekishi.* Histoire de l'Eglise catholique (de DARRAS) traduction par M. J. CHARRON. — *Uwajima*, 1888, les 4 premiers vol. ; 1899, les 4 derniers vol., petit in-8, pp. VIII-225, 189, 217, 215, 262, 191, 162, 173.

215. *Précis d'histoire universelle. Histoire ancienne*, par LA SOCIÉTÉ DE MARIE. — *Tôkyô*, 1899, in-12, pp. 328.

216. *Kokyôkwai shôshi.* Histoire de l'Eglise catholique (abrégé), par M. J. CHARRON. — *Himeji*, 1906, in-12. pp. III-119.

217. *Seiyô-shi no byôron.* Une erreur dans l'histoire de l'Europe, par M. LIGNEUL. — *Tôkyô*, 1896, in-8. pp. 20.

218. *Mythologie japonaise.* par M. MOUNICOU. — *B. Duprat, 7, rue du Cloître Saint-Benoît (rue Fontanes), Paris.* 1863. in-8, pp. 30.

219. *Petit dictionnaire d'Histoire et de Géographie*, par M. PAPINOT. — *Imp. de Nazareth, Hong-kong*, 1899, in-12, pp. 300.

220. *Dictionnaire d'Histoire et de Géographie du Japon avec cartes*, par M. PAPINOT. — *Yokohama*, 1906, in-8, pp. XVIII-992.

221. *Historical and Geographical Dictionary of Japan* (Traduction en anglais du précédent), par M. PAPINOT. — *Yokohama*, 1909, in-8, pp. 860.

222. *Les Daimyô chrétiens ou un siècle d'histoire (1549-1650)*, par M. STEICHEN. — *Tôkyô*, 1904, in-12, pp. X-448.

223. *The christian Daimyô* (1549-1650) (Traduction en anglais du précédent), par M. STEICHEN. — *Tôkyô*, 1903, in-8, pp. 369.

224. *Lettres à M. Léon de Rosny sur l'archipel japonais et la Tartarie orientale*, par M. FURET. — *Maisonneuve, Paris*, MDCCCIX, in-12, pp. IV-120.

225. *L'Insurrection de Shimabara (1637-1638)*, par M. STEICHEN. — *Tôkyô*, 1898, in-8, pp. 38.

226. *Yamaguchi kôkyôkwai shi.* Histoire du catholicisme à Yamaguchi, par M. VILLION. — *Kyôtô*, 1897, in-12, pp. 382.

227. *Senketsu isho.* Histoire des persécutions japonaises, par MM. VILLION et KAKO. — 1re édit., 1887; *Imp. Saint-Joseph, Osaka*, 6e édit., 1911, in-12, pp. VI-552.

228. *Les 26 martyrs de 1597.* — *Osaka*, 1887, in-8, pp. 95.

229. *Nihon 26 nin seijin chimei ryakuden.* Les 26 martyrs japonais. par M. KAWAGUCHI. — *Osaka*.

230. *Sei Fr. Xav. shokan ki.* Lettres de saint François-Xavier rattachées à son histoire, par A. VILLION. — *Tôkyô*, 1891, 3 vol. in-12, pp. 732. 669. 998.

231. *Les Aïnos. Origine, langue, mœurs, religion,* par M. MERMET. — Mesnel, 128, rue du Bac, Paris, 1863, in-8, pp. 20.

232. *De Hakodaté à Yokohama,* par M. MARIN. — Chez Lévy, Paris, 1880, in-12, pp. III-288.

233. *Gaikô kenmon shi.* Voyage autour du monde, par l'Amérique, l'Angleterre et la France, par M. LEMARÉCHAL. — *Yokohama*, 1890, in-12, pp. IV-702.

234. *Shin-yei jo gakkô kinen monogatari.* Mémorial du 25e anniversaire de la fondation de l'école des Sœurs de Saint-Maur à Tôkyô, par M. LIGNEUL. — *Imp. Kokkôsha, Tôkyô*, 1899. in-18, pp. 65.

235. *Lourdes no himegimi.* Notre-Dame de Lourdes (d'après H. LASSERRE), par M. RAGUET. — *Oita*. 1892. in-12. pp. VI-481.

236. *Guadalupe Seibo no Shutsugen.* Apparition de N.-D. de Guadaloupe de Mexico, par un P. DOMINICAIN. — *Imp. Saint-Joseph, Osaka*, 1912, pp. IV-20.

237. *Lourdes no dekigoto.* L'événement de Lourdes, par M. MATHON. — *Imp. Saint-Joseph. Osaka*. 1912, in-12, pp. V-750.

238. *Fukyô bidan.* Evangélisation des sauvages (Bahnars), par M. BROTELANDE. — *Tôkyô*, 1893. in-12, pp. 380.

IX. — HAGIOGRAPHIE — VIES

239. *Jesus genkô-kiryaku.* Vie abrégée de Notre-Seigneur Jésus-Christ, par MM. MARIN et NAKAYAMA. — *Tôkyô*, 1880. 4 vol. in-8. pp. 94. 90. 74, 80.

240. *J.-C. Shin sekikô.* Vie de N.-S. J.-C., par M. STEICHEN. — *Imp. Shûeisha, Tôkyô*. 1897. in-12, pp. 321.

241. *Sai Bô Maria den.* Vie de la Sainte Vierge, par M. LEMARÉCHAL. — *Yokohama*. 1891, in-12. pp. III-365.

242. *Seijin den.* Vies des Saints (4 pour chaque mois), par M. STEICHEN. — *Tôkyô*. 1re édit., 1894. 2 vol. in-12, pp. III-329. 323 ; 2e édit., 1903, en un seul vol. in-12, pp. 652.

243. *Seijin monogatari.* Vie des Saints, par M. BOUSQUET. — *Imp. Saint-Joseph, Osaka.* 1910, mois de janvier, in-8, pp. 147 ; mois de février, in-8, pp. 327 ; 1912, mois de mars, in-8, pp. 339 ; 1913, mois d'avril, in-8, pp. 267 ; mois de mai, in-8, pp. 240.

244. *Jubilé de Léon XIII.* — *Osaka*, 1888, in-12, pp. 81.

245. *Chiisaki hana (Otome Theresia no jijôden).* Petite fleur. Histoire de Thérèse de Jésus, écrite par elle-même, par M. BOUSQUET. — *Imp. Saint-Joseph, Osaka*, 1911, in-12, pp. XXVIII-733.

246. *Bunmei no hana.* Fleurs de la civilisation, par M. LIGNEUL. — *Tôkyô*, 1900, in-18, pp. VII-253.

247. *Seitai no chiisaki sumire.* La petite violette du Saint-Sacrement (La petite Hélène), par M. BOUSQUET. — *Osaka*, 1912, 2e édit., in-18, pp. XV-47.

248. *Notice sur Mgr Osouf, premier archevêque de Tôkyô*, par M. LI-
GNEUL. — *Tôkyô*, 1906, in-12, pp. 70.

249. *Notice biographique sur le R. P. Vigroux, vicaire général de
Mgr Osouf*, par M. LIGNEUL. — *Tôkyô*, 1910, in-12, pp. 37.

X. — RELIGIEUX ET RELIGIEUSES

250. *Trapisto*. Les Trappistes, par M. LIGNEUL. — *Imp. Kokkôsha, Tôkyô*,
1897 ; 2ᵉ édit., 1909, in-12, pp. 55.

251. *Les Trappistes au Japon et aperçu général sur l'ordre monastique*,
par M. LIGNEUL. — *Hong-kong*, 1900, in-12, pp. 40.

252. *Trapisto no seishin*. L'esprit de la Trappe, par M. LIGNEUL. — *Imp.
Saint-Joseph, Osaka*, 1912, in-18, pp. 73.

253. *Citeaux Shûdôkwai getsuroku*. Ménologe de la Trappe, traduction
par M. RAGUET. —*Imp. Saint-Joseph, Osaka*, 1912, in-8 (20 par mois), pp. 224.

254. *Koku-i fujin*. Les Dames noires de Saint-Maur, par M. LIGNEUL. —
Imp. Kokkôsha, Tôkyô, 1897, in-12, pp. IV-66.

255. *Fujin no sekishin*. Femmes dévouées (Les Sœurs de Saint-Paul),
par M. LIGNEUL. — *Imp. Kokkôsha, Tôkyô*, 1900, in-18, pp. VIII-232.

256. *Teijo no seikwatsu*. Vie des vierges (Les Trappistines), par M. LI-
GNEUL. — *Tôkyô*, 1902, in-12, pp. 40.

XI. — LINGUISTIQUE

257. *Lexicon-latino-japonicum depromptum ex opere cui titulus Dic-
tionnarium latino-lusitanicum ac japonicum*, typis primum mandatum
in Amacusa in collegio japonico Societatis in anno MDXCV. Nunc denuo
emendatum atque auctum a vicario apostolico Japoniæ (Mgr PETITJEAN). —
Typis S. C. de Propaganda Fide socio Eq. Petro Marietti admin., Romæ,
MDCCCLXX, in-4, 3 ff. n. ch., tit., préf., etc., pp. 749 à 2 col.

258. *Dictionnaire français-anglais-japonais*, par M. MERMET, publié
par les soins de A. LE GRAS pour la partie anglaise, et de L. PAGÈS pour
la partie japonaise. — *Firmin Didot, 56, rue Jacob, Paris*, 1866, in-8,
pp. VIII-440.

259. *Dictionnaire japonais-français*, par M. LEMARÉCHAL. — *Imp. Fukuin, Yokohama*, 1904, petit in-4, pp. VIII-1008.

260. *Petit dictionnaire japonais-français* abrégé du précédent, par
M. LEMARÉCHAL. — *Yokohama*, 1904, in-12.

261. *Dictionnaire français-japonais*, par MM. RAGUET et ONO TÔTA. —
Imp. Rikkyôsha, Tôkyô, 1905, in-4, pp. LXXVIII-1184.

262. *Petit dictionnaire français-japonais*, par M. RAGUET. — *Tôkyô*,
1905, in-16, pp. 1140.

263. *Grammaire japonaise* par M. RAGUET. — *Tôkyô*, 1905, in-12, pp. 175.

264. *Grammaire japonaise de la langue parlée*, par M. BALET. — *Yokohama*, 3 éditions, 1899-1908, in-12, pp. 390.

265. *Cours de Langue japonaise en 60 leçons*, par M. EVRARD, — *Imp. de
l'Echo du Japon, Yokohama*, 1874, in-8, pp. VI-180 avec Tableaux synoptiques.

266. *Essai pratique de conversation franco-japonaise*, par M. EVRARD. —
Tôkyô, 8 éditions, 1898-1909, in-12, pp. 160.

267. *Futsugo jitsuyô kaiwa*. Manuel pratique de conversation française
à l'usage des Japonais, par M. LEMOINE. — *Imp. Rikkyôsha, Tôkyô*, 1909,
in-18, pp. XV-286.

268. *Benkyôka no tomo*. Vade-mecum de l'étudiant japonais (en caractères romains), par M. CARON. — *Hong-kong*, 2ᵉ édit., 1892-1900, in-12, pp. 236.

269. *Futsugo jinjô shôgaku-tokuhon*. Les livres de l'école primaire en
français, par M. CHARRON. — *Osaka*.

270. *Choix de fables de La Fontaine* (à l'usage des étudiants japonais), par M. Charron. — *Tôkyô*, 1905, in-18, pp. 71.

271. *Gogaku kenkyû no hiketsu.* Méthode pour apprendre les langues étrangères, par M. Charron. — *Hyôgo*, 1908, in-8, pp. 22.

XII. — ROMANS ET LÉGENDES

272. *Futsu bun hototogisu.* Le coucou (roman japonais), traduit en français par M. Roland. En français il est intitulé *Plutôt la mort.* — *Osaka*, 1911, in-12, pp. 750.

273. *Fables et Légendes du Japon*, traduites en français, par M. Ferrand. — *Tôkyô*, 1ʳᵉ édit. et 2ᵉ édit., 1901, in-8, pp. 155.

274. *Fabiôla* (du Card. Wiseman), traduction par M. Lemoine. — *Imp. Kokkôsha, Tôkyô*, 1908, in-8, pp. ii-411.

275. *Hikari.* Le Rayon (de Reynès Montlaur), traduction par M. Lemoine. — *Imp. Min yusha, Tôkyô*, 1909, in-18, pp. iv-316.

276. *Teruko* (Roman apologétique), par M. Lemoine.— *Tôkyô*, 1ʳᵉ édit. 1908. 2ᵉ édit., 1909, in-18, pp. 266.

XIII. — TRACTS SCIENTIFICO-RELIGIEUX

277. *Bukkai ni arawaruru chiteki keikaku.* Le plan terrestre apparaît dans le monde des choses (La finalité dans le monde), par M. Drouart de Lezey. — *Imp. Hakuosha, Tokyô*, 1909, in-12, pp. 35.

278. *Saikin shinkwa-ron.* Le transformisme moderne (de Ch. de Kirwan), traduit par M. Drouart de Lezey. — *Tôkyô*, 1910, in-12, pp. iv-109.

279. *Chishiki to nôzui.* L'Intelligence et le cerveau (du Dʳ Surbled), traduction par M. Drouart de Lezey. — *Tôkyô*, 1910, in-12, pp. 56.

280. *Kyôikusha to kwazoku.* L'éducateur de la Noblesse, par M. Charron. — *Imp. Saint-Joseph, Osaka*, 1910, in-12, pp. 78.

281. *Gakumon no hasan.* La faillite de la science, par M. Drouart de Lezey. — *Imp. Hakuôsha, Tôkyô*, 1911, in-12, pp. 78.

282. *Shakai shugi to Jiyû shugi.* Le socialisme et la liberté, par M. Drouart de Lezey. — *Imp. Hakuôsha, Tôkyô*, 1911, in-12, pp. ii-85.

283. *Kokka no seimei.* La force vitale d'un peuple, par M. Drouart de Lezey. — *Imp. Hakuôsha, Tôkyô*, 1913, in-12, pp. 86.

284. *Gendai no hakken.* Les découvertes actuelles, par M. Drouart de Lezey. — *Imp. Hakuôsha, Tôkyô*, 1913, in-12, pp. 73.

285. *Rôma Kyôkwai to shukyô saiban.* L'Eglise romaine et l'Inquisition, par M. Lemoine. — *Tôkyô*, 1907, in-12, pp. 45.

286. *Rôma Kyô-ô to Galileo.* Le Pape et Galilée, par M. Lemoine. — *Tôkyô*, 1907, in-12, pp. 44.

287. *Shinkyô no kigen ichi mei Luther den.* Commencement historique du protestantisme. Vie de Luther, par M. Birraux. — *Imp. Hakuôsha, Tôkyô*, 1912, in-12, pp. 77.

288. *Katô Hiroyuki no byôsetsu wo tadasu.* Réfutation de *Kato Hiroyuki*, par M. Yamaguchi. — *Imp. Hakuôsha, Tôkyô*, 1909, in-18, pp. 30.

289. *Ware wa nani yue Kôkyôtô to narishi ka.* Pourquoi suis-je devenu catholique? (par M. Bull), traduction par M. Drouart de Lezey. — *Tôkyô*, 1910, in-18, pp. 56.

290. *Shimpo no igi.* L'idée de progrès, par Hayashi Jutarô. — *Tôkyô*, 1912, in-18, pp. 18.

291. *Shingaku oyobi chûko tetsugaku kenkyû no hitsuyô.* Nécessité de l'étude de la philosophie et de la théologie du Moyen-Age du professeur Dʳ von Koeber, traduction par M. Drouart de Lezey. — *Tôkiô*, in-12, pp. 61,

292. *Yotsumeya jiken to genkon gakusetsu.* Réflexions sur l'affaire Yotsumeya (Livres classiques immoraux), par M. LIGNEUL. — *Imp. Kokkôsha, Tôkyô,* 1902, in-8, pp. 21.

293. *Kyôkasho jiken.* Question des Classiques autorisés, par M. MAEDA. — *Imp. Kokkôsha, Tôkyô,* 1903, in-8, pp. 25.

294. *Jeanne d'Arc,* par M. LIGNEUL. — *Imp. Hakuôsha, Tôkyô,* 1910, in-12, pp. 64.

295. *Horitsu to jitsugyô.* Les lois et les affaires.

XIV. — PETITS TRACTS RELIGIEUX

296. *Fushigi.* Le merveilleux (Guérison à Lourdes de Pierre de Ruder), par le Dʳ DÉJEAN, traduit par M. DROUART DE LEZEY. — *Tôkyô,* 1ʳᵉ édit., 1908, in-18, pp. 75 ; 2ᵉ édit., 1910, in-18, pp. 75.

297. *Shin.* La vérité, par M. DROUART DE LEZEY.—*Tôkyô,* 1910, in-18, pp. 63.

298. *Ki-i naru dantai (Fushigina dantai).* Une société extraordinaire (L'Eglise catholique), par M. DROUART DE LEZEY. — *Tôkiô,* 1909, in-18, pp. 30.

299. *Kôfuku.* Le bonheur vrai, par M. DROUART DE LEZEY. — *Tôkyô.* 1911, in-24, pp. 75.

300. *Shinkô.* La foi, par M. DROUART DE LEZEY. — *Tôkyô,* 1912, in-18, pp. 61.

301. *Konsei to raisei.* Vie présente et vie future, par M. C. FERRAND. — *Nagoya,* 1907, in-18, pp. 30.

302. *Tenkei no hitsuyô.* Nécessité de la Révélation, par M. C. FERRAND. — *Imp. Kokkôsha, Tôkyô,* 1907, in-18, pp. 37.

303. *Jûyô mondai.* Le problème le plus important, par M. C. FERRAND. — *Nagoya,* 1ʳᵉ éd., 1908 ; 2ᵉ édit., 1909, in-18, pp. 40.

304. *Tabibito no michi-shirube.* Les jalons de la vie, par M. C. FERRAND. — *Nagoya,* 1909, in-18, pp. 32.

305. *Seisho ka? Kyôkwai ka?* La Bible ou l'Eglise, par M. FERRAND. — *Imp. Hakuôsha, Tôkyô,* 1ʳᵉ édit., 1909 ; 2ᵉ édit., 1910, in-18, pp. 28.

306. *Zen-aku.* Le bien et le mal, par M. DROUART DE LEZEY. — *Tôkyô.* 1914, in-12, pp. 82.

307. *Shintoku kwai no koto.* L'Association de la Propagation de la Foi (œuvre de la), par M. LIGNEUL (Supplément à la Revue *Tenshu no Bampei.* — *Tôkyô,* 1887, in-12, pp. 38.

308. *Lourdes no dôkutsu.* La grotte de Lourdes, par M. DROUART DE LEZEY. — *Imp. Hakuôsha, Tôkyô,* 1911, in-18, pp. 74.

309. *Chiïsaki oto.* Un petit écho, par M. LEMARÉCHAL. (Petit tract distribué à l'occasion de la bénédiction de l'église de Shizuoka). — *Shizuoka,* 1910, in-32, pp. 20.

DIVERS

310. *Raibyô yobô hô jisshi shiken.* Législation sur la lèpre, par M. DROUART DE LEZEY. — *Yokohama,* 1907, in-12, pp. 77.

311. *Une visite à la Léproserie de Gotemba,* par M. LIGNEUL. — *Tôkyô,* 1902, in-12, pp. 50.

312. Le même, traduction anglaise. — *Tôkyô,* 1902, in-12, pp. 50.

313. *Shinrin to Bunmei.* Les forêts et le progrès. Dangers du déboisement, par M. DROUART DE LEZEY. — *Tôkyô,* 1902, in-12, pp. 65.

314. *Kinen enzetsu shu.* Recueil des discours prononcés à l'occasion du jubilé sacerdotal de Mᵍʳ Osouf et du sacre de Mᵍʳ Mugabure, par M. EVRARD. — *Imp. Rikkyôsha, Tôkyô,* 1903, in-8, pp. 169.

XV. — PÉRIODIQUES

315. *Kôkyô bampô*. Les nouvelles catholiques, par M. Sutter. — *Tôkyô*, Revue bimensuelle, 1881-85, in-4, pp. 16.

316. *Tenshu no Bampei*. Le soldat de Dieu, par M. Ligneul. — *Tôkyô*, 1885-89, mensuel, in-8, pp. 100.

317. *Kôkyô-zasshi*. La revue catholique, par M. Drouart de Lezey. — *Tôkyô*, 1889-93, bimensuel, in-4, pp. 24.

318. *Iro-iro*. Varia (en caractères latins), par M. Steichen. — *Tôkyô*, 1893-97, mensuel, in-8, pp. 12.

319. *Yachi-gusa*. Variétés (en caractères latins), par M. Steichen. — 1897, 1898, mensuel, in-8, pp. 16.

320. *Koe*. La voix, par M. Aurientis. — *Kyôtô*, 1892-98, mensuel, in-4. pp. 50. Par M. Lemoine. — *Tôkyô*, 1898-1911, mensuel, in-4, pp. 50. Par M. Steichen. — *Tôkyô*, 1911, mensuel, in-4, pp. 50.

321. *Tenchijin*. Le ciel, la terre et l'homme, par MM. Péri et Lemoine. — *Tôkyô*, 1898-1901, mensuel, in-8, pp. 100 à 120.

322. *Shin-risô*. Le nouvel idéal (revue pour les étudiants), par M. C. Ferrand. — *Tôkyô*, 1905-1907, mensuel, in-8, pp. 64.

323. *Tsûzoku shukyôdan*, Entretiens familiers sur la religion, par M. Maeda. — *Tôkyô*, 1903-1906, mensuel, in-8, pp. 56.

324. *Mélanges japonais* (Religion, littérature. histoire. etc., en français), par les Missionnaires. — *Tôkyô*, 1904-1910. trimestriel, in-8, pp. 140.

325. *Michi no warabe*. L'Enfant chrétien, par Ishikawa Otojiro. — *Tôkyô*, 1906, mensuel, in-12, pp. 40 ; a été continué en 1909 sous le titre suivant :

326. *Oshie no sono*. Le jardin de la religion (pour les enfants), par M. Lemoine. — *Tôkyô*, 1909-1911, mensuel, in-16, pp. 40 ; par M. Steichen, 1912, in-16, pp. 40.

327. *Sekiguchi Geppô*. Bulletin de la paroisse de l'Immaculée-Conception, par M. Drouart de Lezey. — Depuis 1907, mensuel, in-8, pp. 12.

328. *Kôkyôkai Geppô*. Bulletin catholique ou Semaine religieuse du diocèse d'Osaka. — *Imp. Saint-Joseph, Osaka*, 1910, mensuel, in-8, pp. 16 par mois.

TABLE DES NOMS D'AUTEURS

Vannes — Imprimerie LAFOLYE Frères, 2, place des Lices.